Flaschenpost

Das kreative Notizbuch zum Finden und Behalten!

Die Hafenprinzessin

Dieses Notizbuch gehört:

_____

Impressum

Verantwortlich

Christian Flick / Mathias Weber

youneo projects flick und weber GbR, Poststraße 1, 49326 Melle

info@youneoprojects.de, www.youneoprojects.de

Herstellung und Verlag

BoD - Books on Demand, Norderstedt

Bildquellen

© Perry Correll/shutterstock (Cover), ddok/shutterstock

Hafenprinzessin® ist eine eingetragene Marke der youneo projects flick und weber GbR.

ISBN: 9783752894806

9

14

17

19

25

26

27

29

31

37

38

39

41

49

50

53

55

57

59

61

65

69

71

72

73

Tb

77

79

82

83

89

91

92

93

95

97

99

103

107